AF356575

REGRET
SVR LE DECES

DE TRESILLVSTRE,

Tresmagnanime, & Tres-catholique Prince
François de Lorraine Duc de Guise, Païr &
grand Chambelam de France.

AVEC

La complainte de France, sur le grief Trespas &
Mort (proditoirement commise) de feu
Tres-vertueux & Tres-magnanime
Prince, François de Lorraine, Duc
de Guyse, & Lieutenant General de la Maiesté
du Roy.

****

Faict iouxre la forme & exemple,
Imprimé à Paris.
Auec Priuilege.

1563.

AVX LECTEVRS

Sonnet.

Auecque moy, plorez amerement,
Plorez (François) Ce vaillant capitaine,
Ce Prince vray, ce François de Lorraine
Est mis à mort, trop malheureusement.

Há tu pouuois, tu pouuois autrement,
Dresser ton dard, o mort trop inhumaine!
Inique mort! sans donner tant de peine
Par vn seul coup lasché fatallement.

Par vn seul coup falloit il que la France
Sentist ainsi, faucher son esperance
Desoubz son pié? o malheureux voleur!

Asseure toy que Dieu, qui tout regarde,
Te punira & les tiens quoy qu'il tarde:
Car il n'est pas de telz hommes fauteur.

G.

REGRET SVR

LE DECES DE TRES-
ILLVSTRE, TRESMAGNANI-
me & Tres-catholique Prince François de
Lorraine, Duc de Guise.

A vrayemét ce n'est plus, ce n'est plus
    au iourd'huy
Qu'il fault taire son mal:malheureux
    est celuy,
Lequel des-ia se sent, à la fin de sa vie
Et ne veult toutesfois, dire sa maladie.
Quant à moy ie ne puis,ie ne puis plus celer
La douleur qui me poinct, ie la veux reueler:
Ie veux apertement declarer la tristesse,
Qui iusqu'au fond du cueur, mortellement me
    blesse.
Iusques à maintenant merité nous auons
(Dire ie l'ose bien)le mal que receuons:
Nous auons merité,par nostre conniuence,
Nostre facilité & nostre patience,
D'estre ainsi tourmentez,há trop gráde douceur
Tu es cause à la fois que l'homme n'est pas seur
Voire au meillieu des siens. Vrayemét c'est cho-
    se bonne

A.ii

Vser d'h umanité enuers toute personne.
Mais las! il fault ausi que la iustice ait lieu:
Quant principalement c'est pour l'honneur de
    Dieu.
Las si lon eust couppé ceste amere racine,
Ie dis moy les fauteurs de la tourbe mutine,
Et les premiers auteurs de la rebellion,
Possible n'eussions nous de maux vn million,
Vn million de maux qui dessus nostre teste
Tombent iournellement comme fouldre &
    tempeste
O triste aage de fer, o siecle malheureux,
O miserable temps, las que l'homme est heureux
Heureux, qui n'a vescu iusques à la iournee
En laquelle vne balle helas! empoisonnee,
Par les mains d'vn meschant, vn Prince a faict
    mourir.
Ie dis vn demy Dieu, né pour nous secourir.
Mais qui t'a peu mouuoir, o barbare insensé,
Courage viperin? que t'auoit offensé
Ce Prince tant humain, courtois & debonnaire
Fault il donc maintenant ainsi la se retraire
Vers quelque grand seigneur, & puis l'heure
    assigner?
Pour en fin laschement ainsi l'assassiner?
O doux & plaisant fruict de ceste loy nouuelle!
Voila le reformé, voila comme il s'appelle.

Le sacrificateur qui faict seruice à Dieu
De rauir & voler les biens en chascun lieu,
De brusler vne eglise, ou d'escorcher vn prebstre
Ou bien de massacrer vn Prince qui veult estre
Vray seruiteur du Roy. O noble & vray
     François!
O François de Lorraine, en ce poinct tu debuois
Soustenant & de Dieu & du Roy la querelle,
Par vne estrange mort, inhumaine & cruelle
Monter en Paradis, auec les anciens
Godefroy, Charlemaigne, & les Ducz Guysiés,
Tous tes predecesseurs, desquels la saincte vie,
La noblesse & vertu, tu as tousiours suyuie.
Ce grand Charle Empereur & ce Roy courõné
Dedans Hierusalem ensemble t'ont donné
Sortant de pere en filz leur fameuse noblesse:
Laquelle conioignant auecques ta proesse
D'vn courage indonté les Alpes tu passas
Alors que de ton nom la memoire laissas
Immortelle en Piemond, en Itale & Sauoye.
Et de la retourné, ta vertu faisant voye
Entre les plus cruelz ennemis des François,
De Callais tu chassas vistement les Anglois,
Ce que par deux cens ans France n'auoit peu
     faire.
Puis apres poursuiuant dextrement ton affaire,
En peu de temps aussi, Thionuille tu pris.
A.iij

Bref, tu obtins tousiours en bataille le pris.
Soit qu’il aye fallu souftenir de l’Efpaigne
De Flandres & Brabant, des Hongres &
        d’Almaigne
Les efforts, les affaultz, & la rude fureur
De ce Charles le quint, trefpuiffant Empereur,
De ce grand Empereur, lequel perdit fa peine
De vouloir s’oppofer à François de Lorraine
Qui plus ferme & conftant que n’eft vn dur
        rocher,
Garda ceft Empereur de pouuoir s’approcher
De la ville de Metz, & luy feit aparoiftre
Quelle eftoit la grandeur du Roy Henry fon
        maiftre,
Allors qu’il fut contrainct vn demy an apres
A fa confufion leuer fon camp expres.
Le iour me defauldroit fi ie voulois efcrire
Ce que pour ta vertu il me conuiendroit dire:
Et fi i’entreprenois d’enrichir tous tes faictz
Ce feroit à ma Mufe infuportable fais
    Or pour monftrer cóbien fut parfaicte ta vie
Ie ne trauaille point, pleut à Dieu que l’ennie
Qui les iuftes toufiours pourfuyt iufqu’à la mort
Ne fe fuft trauaillee à machiner à tort,
A machiner helas! vne mort fi cruelle
Contre cil, qui mené d’vn bon & iufte zelle
Vers Dieu premierement, pour la religion

Catholique & Romaine, & la tuition
Du païs & du Roy, auoit desia reduicte
Mainte belle cité par ces voleurs seduicte
Qui auoit au millieu de vingt mille soldartz
Ennemis de la foy, tous voleurs & pendars
Voire plus furieux que Lyons enragez
Les bons François des-ia fuyans, encouragez.
Tellement qu'en la fin par la force & vertu
Ayans tous ces mutins vaillamment combatu,
Il obtint en deux iours pl° d'hõneur & de gloire
Qu'Achille, qu'Alexandre & que Cæsar encoire
Ouy plus d'hõneur vrayemẽt, car il ne cõbatoit
Poinct pour vne beauté, & si ne pretendoit
Monarque deuenir comme cest Alexandre,
Ny meu d'ambition qui à Cæsar fit prendre
Les armes en la fin contre ses citoyens.
Mais cestoit seulement pour donner les moyens
Au Roy d'estre obey: lequel fuyuant son pere
(Ieune Prince bien né) veult, entend & espere
Viure en la mesme loy, qu'ont vescu ses ayeux
Depuis douze cens ans. O Tigre furieux,
Ie retourne vers toy, as tu bien eu courage
D'entreprendre à tuer vn si grand personnage?
Non non ie ne croy poinct que la terre, la mer,
Et tous les elementz ne se viennent armer,
Et ioindre ensemblémeut pour prendre la ven-
    geance

D'vn faict si malheureux. Voire & la congnois-
    sance
Viédra s'il plaist à Dieu de ceux qui t'ont induit
„ Car rié n'est si caché, qu'enfin ne soit produit
Ce temps pendant helas!ma saincte Caliope,
Muse,qui m'as rendu fauori de la trope
De tes scauantes seurs, d'vne plume d'acier
Engraue ie te pri' cest epitaphe entier
Dans vn Tableau de Cuiure, au temple de me-
    moire,
Pour de ce Guisien eterniser la gloire.

    CE pendant que Fráçois de Lorraine viuoit
Nul en force & vertu egal ne le suiuoit
Sous la voulte des cieux,pour ceste cause enuie,
Qui des bons est tousiours la mortelle ennemie,
L'a du monde raui pensant l'exterminer,
Et du tout par la mort son honneur terminer:
Mais mieux qu'au parauant luy & son honneur
    viuent:
Son ame vit au ciel,& les Muses escriuent
Ses heroïques faicts,que tousiours on lira
Pendant qu'en nostre France vn homme viuera.

Vguſtiſſ. & Inuictiſſ. Lo-
tharing. Princip. Franciſco
Duci Guiſian.in Gallia Re-
giæ Præfect. & ſacr. Palat. Magiſt.
Imperij Hieroſolymit.Sicul. Neapo-
litani, Andegauenſ. Calab. & Apul.
Nobilitatis Regiisver.ſpiritib.imbut.
Gallic. iuuentut. commilit. fidiſſ. Et
imperat. Chriſtianiſ.Patr.Patriæ. Poſt
acta militiæ rudiment. Franciſc. pri-
mo Reg. Gall.ad Landriſ.Et Henric.
II. imperant. aduerſus Hiſpaniar.
Germaniar.Italiæq,virẽs,Et Auſtriac.
opes, hacten.inuicti & feliciſſ. Impe-
rator Carol. V.tutatam arm. & cóſil.
Metim.Recept ab Angl.munitiſſ.art
& nat.IcciumPromont.Italia trepid.

B

ſecurit.reſtitut.Pont. Max. Extinctis
ad Ambaſ.Belli ſacr Francifc. II. ſu-
perſt.init.Receptos in Carol. IX. di-
tion . Biturig . Pacat. Normania. Et
proflig.ad Rothomag. impioru arm.
Apud Aurel. infauſt. Bell. reliquias
perſequent. cum virtut. non poſſet,
ſceleratiſſ. parricidæ inſidiis circuñ-
uento:Pro ſid.Pro reg.Pro Ar. & foc.
DicD.Mathiæ ſacr.Patriæ fatal.mor-
tuo, Senat. Academ . Pop.Pariſienſ.
ann.poſtquam feſtiſſ excepiſſet, Iñ-
delebilit.multiſq; cum lachrym. reli-
gioſum hoc & ſacr.monumét.Poſuit
ann.   M. D. LXIII.

LA COMPLAINTE

DE FRANCE, SVR LE
grief Trespas, & mort (proditoirement commise) de feu tref-vertueux
& tref-magnanime Prince, François
de Lorraine, Duc de Guyfe, & Lieutenant general de la Maiefté du Roy.

Faict iouxte la forme & exemple,
Imprimé à Paris.

Auec Priuilege.

1 5 6 3.

C

Co[illegible]
Sa[illegible]
Ro[illegible]
Le[illegible]
N'[illegible]
Ie[illegible]
Fr[illegible]
D'[illegible]
Tr[illegible]
A[illegible]

COMPLAINTE

SVR LE DECES DE

Feu Monseigneur de
Guise.

Ousiours le soleil radieux
Icy bas ne iette ses yeux:
Le voile noir de nuict ob-
scure
Couure à son tour la terre dure.
Sans cesse le bien & le mal
Rouënt sur nous d'vn tour esgal.
Le malheur suit l'heur pas à pas,
N'estant rien de stable icy bas.
Ie dy cecy pour moy chétiue
France (helas plus morte que viue)
D'auoir perdu par vn destin
Trop impiteux & clandestin
A ce coup cy mon esperance,

B iij

Et ferme roc & asseurance,
Encontre les efforts si longs
De mes aduersaires felons.
Telle angoisse i'en porte au cueur
Et en l'esprit si grand langueur,
Que desespoir quasi me pince,
Pour le dur regret de ce Prince,
Duquel iour & nuict combatant
Pour ma couronne, & l'augmentant,
I'ay receu tel bien & seruice
Que ce me seroit tresgrand vice
Si or ie ne recognoissois
De mon tres-fidele François
Tel bien faict & acte immortel
Par vn renom perpetuel
Qu'il a dessus tous merité,
Si bien qu'à la posterité
Il sera tousiours comme en vie
En d'espit de mort & d'enuie,

Qui ont d'indicible meſchance
Tourné le dur ſort de leur chance:
Sur luy au camp pres d'Orleans,
Par la main d'vn de ces geans
Non point en louable vaillance
Ou de l'eſpée ou de la lance,
Non point en bataille planiere,
Ny en quelque honeſte maniere:
Non point en eſtour ou chaplis
Ouuert entre camps ennemis,
Mais trahitrement, & de trois balles
D'acier de fontes infernalles,
L'aſchées de forte piſtolle:
Dont, helas à mort il affolle
Mon tres-loyal & treſ-amé
Preux Duc de Guiſe deſarmé,
(Le premier guerrier de ce monde)
Reuenant de faire la ronde,
Autour du camp, & de ce coup

Las! il ne tarda pas beaucoup
Qu'il ne fuſt forcé deſvier
Le vingtquatre de Feurier
Soixante deux. Ainſi Rollant,
Ainſi Oliuier le vaillant
Furent aux Turcs mortelle proye.
Ainſi (ou trahiſon ſ'employe)
Les plus forts & chéualeureux,
Les plus hardis & valeureux,
Les plus Scipions & Ceſars
Souffrent de mort les fiers hazars.
Par l'aguet & mechanceté
Des plus remplis de laſcheté
De couardiſe & de foibleſſe,
Ne ſentans moins rien que nobleſſe.
Suis-ie donc ſans cáuſe eſtonnée
Me reſentant enuironnée
De tant d'ennuy, me voyant or
Veſue de mon puiſſant Hector,

De mon

De mon Marcel, de mon Achille,
Qui en ceste guerre ciuile
(Si nous deuons appeller telle
Vne guerre si trescruelle)
A par sa vertu replanté
Mains beaux brãchaiges de mon Lis
Que ces mutins m'auoyent tollis,
Non point par acte de prouesse,
Ains par desloyale finesse,
Desquelz ce Prince Guisien,
Du royal sang Austrasien,
(A present nommé de Lorraine,
Duché tresnoble & souueraine)
M'a si bien n'agueres vengée,
Et du tout la chance changee,
Qu'apres auoir en maints endroicts
Iceux desconfit plusieurs fois:
En la bataille aupres de Dreux,
Il enrosa les champs poudreux

C

De leur sang en telle abondance,
Qu'il n'est memoire que moy Fráce,
Receut oncques victoire telle,
Plus glorieuse ny plus belle,
Ny plus digne d'vn Titeliue,
Pour à iamais la rendre viue,
De ce font foy les estandars,
Et enseignes de leurs souldars,
Et leurs cornettes en grand nombre,
Qui ores font mises à l'vmbre
Dans Paris en la grand Eglise.
(Los immortel de mon grand Guise)
Qui est vn si noble trophee,
Que sur les Lauriers de Pompee
D'Alexandre ou Charles le grant,
Ou du preux Cesar conquerant,
Ou du vaillant Duc de Cartaige,
Ils n'obtient pas moindre auantaige
Que font les Cipres grans & beaux

Sur quelques legers arbrisseaux.
Mais bien qu'il ayt par cy deuant
Mis ses prouesses en auant
Si loing, qu'il n'y a region
Qui de ce Lorrain Scipion
Ne chante le loz & louange.
La chose seroit trop estrange
Si or tant de diuins espritz
De moy alaictez & nourriz
Taisoyent sa gloire & son renom.
Sus donc que l'on chante son nom
Et sa haultesse & sa grandeur
Comblant toute ceste rondeur.
Chantez que dés ses ieunes ans
Grans cheuaux, & harnois luysans,
Espees, lances, coutelas,
Estoyent tout son soing & soulas.
Ne soit le los aneanty
De sa grand vaillance à Renty.

C.ii

Chantez ſes conqueſtes heureuſes,
Ses empriſes auantureuſes,
Dont il venoit ſi bien à chef.
Chantez la palme de rechef
Qu'il a entre mes mains remiſe
Dont trop ſe vantoit la Tamiſe.
Chantez comment en la Campagne
Le plus fort yuer il dedaigne
Conduiſant ſes guerrieres trouppes
Par rochers & gelees crouppes
Des montz ennuez par hideux
Torrentz & deſtroictz haſardeux,
Dont le braue Neapolitain
Rabaiſſa ſon ſourcy hautain,
Encore que ce Lorrain Héros,
N'euſt que le moindre de mes oſtz
Qui m'a vaillamment ramené,
Ayant le pays eſtonné,
De ſorte qu'il fuſt ſoubz ma loy

Son euſt tenu promeſſe & foy:
Mais ce n'eſt la premiere foys
Que ceulx là trompent les Françoys.
Chantez (O nauire treſ-grande
Argo) Chantez droict le commande
Chantez voſtre Tiphis loyal,
Tiphis de cueur haut & Royal:
Pouſſez ſa grandeur ſur la nue
Qui ſeul, la voſtre a ſouſtenue.
Chantez comment le Dieu marin
Le Tibre, la Meuſe & le Rin
Ne ſe ſont trouuez aſſez fortz
Pour reſiſter à ſes effortz.
Chantez comment de Germanie
Et d'Eſpaigne auec elle vnie
Il arreſta par ſa vertu
Le camp mornaſſe & abatu.
Brief chantez d'vn eternel chant
Ce Prince à iamais triumphant.

De son nom soyent pleins les deux
	poles
Qu'Athlas souſtient ſur ſes eſpaules,
Helas chanter, ne chantons point.
Mais pluſtoſt plorós de tout poinct.
Quel cueur ſi d'aimant ou d'acier
D'enraigé tigre, ou de rocher,
Qui pourroit or ſe contenir
De plorer, ayant ſouuenir
De ce dur ſort inopiné
Cheu ſur ce Prince deſtiné
Pour mon ſeruice & mon ſoulas?
Mars en guerre, en conſeil Pallas,
Paſſant la ſienne diligence,
Du preux Ceſar la vigilance
Ayant vn perpetuel ſoing.
De me ſecourir au beſoing.
Et non pas moy tant ſeulement,
Ainſ aufsi generalement

Les trois estatz fort desolez
N'estans plus de luy consolez,
Peuple tu auois ce bon heur
Lors qu'il estoit ton gouuerneur,
De te vanter d'estre asseuré
De tes haineux, & bien heuré:
L'ayant doncq perdu n'as tu pas
Cause de plorer son trespas?
Tref-grande cause dy-ie encores
Puis qu'auec toy il n'est plus ores,
O que ceste mort inhumaine
(Catholique Eglise Romaine)
Te doit bien fort naurer au cueur
D'auoir occis ton defenseur.
Si naturellement la mere
Sent angoisse & tristesse amere,
Voyant perir son filz insigne
D'accident cruel & indigne
Ie croy certainement (Noblesse)

Que grief ennuy t'offenſe & bleſſe,
Tout outrement voyant ton filz
Que la Parque à mis en ſes filz:
Ton filz nepueu de Godefroy,
Ce qui n'eſt pas vn moindre effroy.
Chaſtes ſeurs venez à grand courſe,
Et laiſſez moy la voſtre ſourſe
Emmiellee de Pegaſe,
Abandonnez ſoudain Parnaſe,
Et Helicon & Aonie:
Venez donc ſacre compaignie,
N'apportant Luc, Harpe ne Lyre,
N'inſtrument ou lon puiſſe eſlire
Au ſon, quelque ioye ou douceur.
Que Melpoméne voſtre ſeur
Tant ſeulement apporte icy
Sa Muſe, chantant le ſoucy
Et dur ſort des plus heroïques
En vers douloureux & tragiques,

Car

Car si iamais (ó Melpoméne)
Tu fis enfler ta graue véne
A l'endroit de Princes ou Rois
Attaintz d'infortunez desrois,
Ie suis seur qu'au téps ou nous sómes
(Temps par la malice des hommes
Plus plein de tribulation
Dont il fut iamais mention)
Tu trouueras à l'amenter,
Et à pleindre & à tourmenter
En moy, autant d'occasion
Quoncq en nulle autre region,
Pour la monstreuse tempeste
Des miens, qui me troublent la teste,
Par vne abhomination
De ceste hidre d'opinion
Laquelle mon vaillant Hercule
Guisien voulant rendre nulle,
Y est en fin exterminé

Car   D

Par vn feu d'elle empoisonné:
Dont de dueil ie fusse expiree
Sans ta grace non mesuree,
(O Dieu) qui par ta bonté n'as
(Comme l'eternel Mœcenas
De mon archalle prouince)
Permis qu'en perdant ce bon Prince,
Soudain ie n'en recouure tost
De mon sang pour auec grand ost
De mes inuincibles guerriers,
Fortz soldatz & preux cheualiers
(Si telz sont tes iustes destins)
Les effortz rompre & les desseins
De mes obstinez aduersaires
A grand tort à moy si contraires,
Desquelz (bon Dieu) ie te supplie
Humble à genoulx & au ciel crie,
Moctroyer (de grace) victoire,
A mon repos & à ta gloire.

Rens moy mes subiectz tous vniz,
Leurs courroux soient entr'eux finiz
Retire loing de leurs boyaux
Leurs sanglans glaiues & cousteaux,
Dont l'vn l'autre s'entrebourrelle
De façon hideuse & cruelle.
Qu'ilz ne soyent plus conuertissans
La roideur de leurs bras puissans
(De tant de natiós vainqueurs)
En leurs entrailles & leurs cueurs:
Ains cessans tous actes rebelles,
Encontre Turcz & infidelles:
En se declairant vrais Francois,
(Ainsi qu'ilz ont fait autrefoys)
Monstrent leur prouesse ancienne,
Suiuant leur race Hectorienne:
Le tout en tout honneur (o Dieu)
Auquel seul soit gloire en tout lieu.

F I N.

D ii

TOMBEAV DE FEV
MONSIEVR DE GVISE.

Des labeurs & vertus du grãd dompteur des
    monstres,
Ne soyẽt plus faictes tãt de brauades & mõstres.
L'hõneur du Macedon(ce Monarque ennobly
De palme vniuerselle)ores soit en oubly.
Arriere d'Antonin la clemence & picté.
De Nerue l'attrempance & la sobrieté.
Du dernier Roy Troyen se taise la noblesse,
Ainsi que du premier Empereur la prouësse
Des vaillãs Scipions(deux fouldres de bataille)
Le grand cueur & la force en fumee & vent aille
Le renom glorieux du Roy Charles le quint
(Tãt saige & tant prudent)soit à present esteinct
Le Roy Charles le grand ses victoires absconse,
Naples ne vãte plus son Roy modeste Alphõse.
Du bon Roy sainct Loys(coulonne de Iustice,
Et de religion)le laurier or flestrisse.
N'esleuons plus si haut le los du Roy Loys
Dernier, pere du peuple & pere du pays.
Pour tous Princes & Roys dignes d'honneur &
    gloire,
Soit par tout l'vniuers eternelle memoire
De ce seul Prince cy,qui auoit reuestus
Et ornez ses esprits,de toutes ces vertus.

Lefquelles en grand dueil & triftes à oultrance
(Auec douleur extreme & regret de la France)
Ayans foubz ce tombeau pofé ce corps Royal
(A quatre Roys en guerre & en paix trefloyal)
En toutes fortes grand)fi Prince le fut oncq)
Autant qu'en vid iamais le fiecle(tant foit long)
Ont rapporté au ciel fon ame genereufe,
Auecques fes aieulz à iamais bien-heureufe:
Laiffant de luy fur terre vn renom immortel
D'vn Hector, d'vn Cefar, d'vn Roland, d'vn
    Martel,
Et d'vn Cire perfaict, qui armé nullement
Au camp pres d'Orleans, infidieufement
De troys balles frappé (à propos acerees,
Le venin y meflé)de piftolle tirees,
Deceda peu apres, en l'an foixante-deux,
Vingt quatre Feurier de ce coup malheureux.

AVTRE.

Icy gist ce seul tres-grand Guyse,
Qui par prouesse & vaillantise,
En combatant à toute outrance,
En son entier a gardé France,
La restituant hors des mains
De ie ne sçay quelz inhumains,
Meritant donques beaucoup plus
De gloire & los, que Fabius
Le tresgrand, qui en retardant
Sauua Rome, & la fut gardant
De tomber en piteux seruaige
De ce borgne Duc de Cartaige.

FIN.